FÚTBOL

FÚTBOL: REGLAS DEL JUEGO

BARBARA BONNEY

TRADUCIDO POR
RIGOBERTO AGUIRRE

Rourke Publishing LLC
Vero Beach, Florida 32964

PHOTO CREDITS
© East Coast Studios: cover and page 18; Karen Weisman: page 10; All
other photos © Glen Benson

Illustration page 4 © American Youth Soccer Organization

EDITORIAL SERVICES:
Penworthy Learning Systems
Versal Editorial Group

Library of Congress Cataloging-in-Publication Data

Bonney, Barbara, 1955-
   Fútbol: Reglas del juego / Barbara Bonney.
      p. cm. — (Soccer)
   Includes index.
   Summary: Explains the rules for playing this game through a discussion of terms
such as start of play, goals, out of play, restarts, illegal behaviors, and positions.
   ISBN 1-58952-445-4
   1. Soccer—Rules—Juvenile literature. [1. Soccer]
I. Title   II. Series: Bonney, Barbara, 1955-   Soccer.
GV943.4.B65 1997
796.334'02'022—DC21

Printed in the USA

TABLA DE CONTENIDO

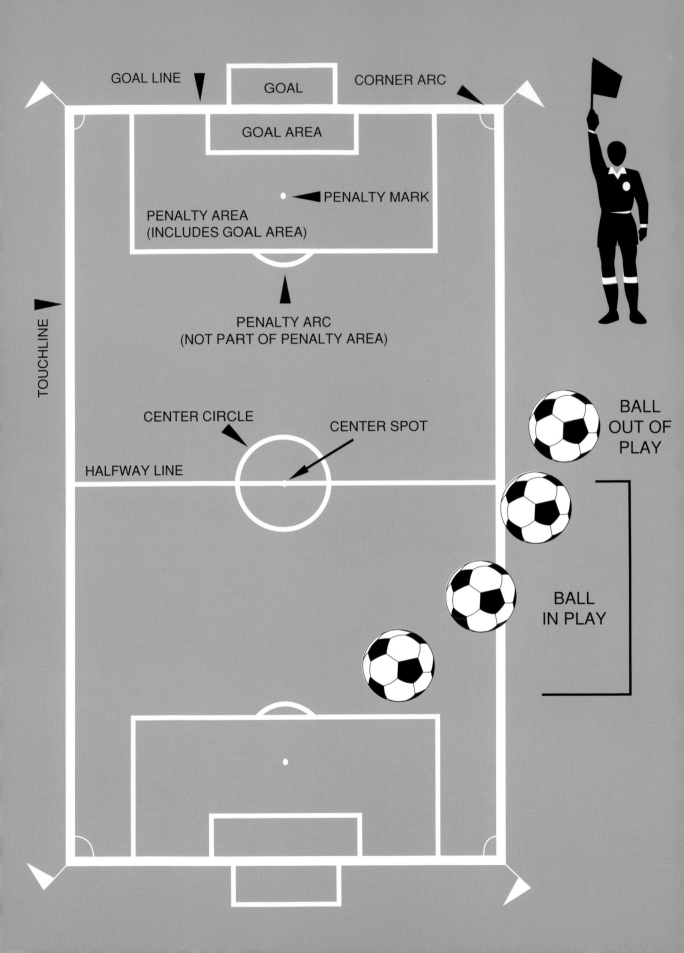

GOAL LINE

GOAL

CORNER ARC

GOAL AREA

PENALTY MARK

PENALTY AREA
(INCLUDES GOAL AREA)

PENALTY ARC
(NOT PART OF PENALTY AREA)

TOUCHLINE

CENTER CIRCLE

CENTER SPOT

HALFWAY LINE

BALL
OUT OF
PLAY

BALL
IN PLAY

EL TERRENO DE JUEGO

Una cancha de fútbol es siempre rectangular, o más larga que ancha. Algunas canchas de fútbol son del tamaño de las de fútbol americano, pero muchas otras son más pequeñas, especialmente las que usan los niños. No hay un tamaño **oficial**. Las líneas exteriores son los **límites**. Una pelota que cruza estas líneas está fuera de juego. Las otras líneas marcan sectores donde se juega de manera especial o se aplican reglas diferentes.

Las reglas del fútbol se denominan reglamento.

El diagrama muestra las líneas de una cancha de fútbol.

Inicio del juego

Antes de cada partido el árbitro arroja una moneda. El equipo visitante elige cara o cruz. El equipo ganador elige patear la pelota para iniciar el juego o tomar una mitad de la cancha. La pelota se coloca en el **centro de la cancha**.

El árbitro arroja una moneda para determinar quién da la patada inicial.

El árbitro elige una pelota y los jugadores se reúnen para la patada inicial.

El jugador que dará la patada inicial y sus compañeros de equipo pueden estar dentro del **círculo central**, pero los defensores tienen que estar fuera del círculo. Cuando todo está listo, el árbitro hace sonar el silbato y el jugador le da la patada inicial a la pelota. El jugador que da la patada inicial no puede patear nuevamente la pelota hasta que otro jugador la haya tocado.

GOLES

Se anota un gol cuando la pelota pasa entre los postes del arco y cruza la **línea de portería**. El equipo que anota la mayor cantidad de goles gana. El árbitro lleva la cuenta de los goles de cada equipo. Muchos equipos anotan sólo uno o dos goles por partido.

¡Gol!

FUERA DE JUEGO

Cuando la pelota cruza la **línea de banda**, está fuera de juego, y el partido se detiene por un minuto. Se sabe que la pelota está fuera de juego cuando el árbitro o el asistente muestra una bandera. Nadie más que el árbitro puede determinar que la pelota está fuera de juego. Volver a comenzar el juego se denomina **reanudación.**

El árbitro no hace las reglas, pero las hace cumplir.

Esta pelota estará fuera de juego cuando deje de tocar la línea.

REANUDACIONES

Una reanudación ocurre después que se produce un gol, una **falta**, o cuando la pelota queda fuera de juego. En este último caso, la reanudación puede ser un saque de banda, de portería o de esquina, dependiendo del lugar por donde haya salido de la cancha el balón y quién la haya tocado por última vez antes de salir.

Un saque de banda reanuda el juego después que la pelota quedó fuera de juego.

Esta pelota está en juego nuevamente luego de la reanudación.

Luego de un gol, la reanudación es un saque de salida. Si se comete una falta, la reanudación consiste en un tiro libre que puede ser directo o indirecto, dependiendo del tipo de falta. El partido se reanuda con un tiro de **penal** si la falta se cometió dentro del área de penal. Si el juego se detiene a causa de una lesión, el árbitro puede reanudar el partido dejando caer la pelota.

ACCIONES ILEGALES

Ilegal significa contrario al reglamento. En fútbol, falta es toda acción que viola las reglas. Jugar peligrosamente (que pueda provocar lesiones a los contrarios) es ilegal; también lo es tocar la pelota con las manos o los brazos. El portero que da demasiados pasos también está cometiendo una acción ilegal. En caso de acción ilegal, el equipo contrario tiene un tiro libre o tiro penal que puede convertirse en gol. Cuanto mayor es la falta, más se "favorece" el equipo contrario.

La Federación Internacional de Fútbol Asociado (FIFA) establece las reglas del fútbol.

Empujar de esta manera es una falta.

POSICIÓN ADELANTADA

Esta regla resulta confusa para muchos jugadores porque tiene varias partes. Un jugador no puede estar adelantado con respecto a la pelota en el terreno de juego contrario, o estar más cerca de la línea de portería que los últimos dos jugadores del equipo contrario. Al jugador que hace esto, el árbitro lo considera en posición adelantada. Si piensas que esta regla es confusa, no eres el único. Esta regla confunde a muchos jugadores. Sólo asegúrate que haya dos jugadores del equipo contrario entre tú y la portería (uno de ellos puede ser el portero).

Este jugador debe asegurarse de no quedar en posición adelantada.

SUSTITUCIONES Y LESIONES

Muchas veces en un partido de fútbol el árbitro detiene el juego para hacer **sustituciones**. Esta detención permite a los nuevos jugadores entrar en el terreno de juego. Al resto de los jugadores les da la oportunidad de descansar, mirar y animar a sus compañeros de equipo.

Sólo el árbitro puede detener un partido.

El partido se detiene cuando un jugador se lesiona.

Si un jugador se lesiona, el juego se detiene para que el jugador lesionado pueda salir del terreno de juego y ser reemplazado por otro. Es el árbitro quien detiene el partido, no el entrenador, ni los padres, ni los otros miembros del equipo.

POSICIONES

Salvo el portero, el fútbol no tiene posiciones definidas. Cuando los jugadores más cercanos a la portería atacan, se llaman delanteros. Los del medio son mediocampistas. Los que están cerca del arco propio se llaman defensores. Los jugadores cerca de los lados de la cancha son los volantes. Cuando la pelota queda bajo control del equipo contrario, las posiciones cambian y comienza la defensa. Como la pelota cambia mucho de equipo, un jugador puede estar en dos posiciones a la vez. La mayoría de los equipos tienen 11 jugadores. Puede haber menos, si ambos equipos tienen la misma cantidad.

Las reglas, o reglamento, hacen que el fútbol sea un juego justo, seguro y divertido.

Las posiciones en el terreno de juego no son siempre bien definidas.

GLOSARIO

centro de la cancha: el punto que marca el medio del terreno de juego

círculo central: el círculo alrededor de la marca de centro

falta: un error que va en contra de las reglas

ilegal: que va contra las reglas

límites: los bordes de una cancha de fútbol

línea de portería: la línea que marca el límite de la cancha en sus partes más cortas; incluye la portería.

líneas de banda: las líneas que marcan los costados de una cancha de fútbol

oficial: dispuesto por las personas responsables

penal: castigo o pérdida

reanudación: comienzo del juego luego de haberse detenido

sustituciones: jugadores que entran a jugar en lugar de otros

Los árbitros deben comprobar el cumplimiento del reglamento en cuanto a los jugadores y el terreno de juego antes del partido.

ÍNDICE